AFFOGATO SVĚTOVÁ KUCHAŘKA

VYNIKAJÍCÍ POCHUTINKY PRO MILOVNÍKY KÁVY A ŽELAT. Dopřejte si 100 Neodolatelných Affogato Fusions

Milena Hrabalová

Materiál chráněný autorským právem ©2023

Všechna práva vyhrazena

Žádná část této knihy nesmí být použita nebo přenášena v jakékoli formě nebo jakýmikoli prostředky bez řádného písemného souhlasu vydavatele a vlastníka autorských práv, s výjimkou krátkých citací použitých v recenzi. Tato kniha by neměla být považována za náhradu lékařských, právních nebo jiných odborných rad.

OBSAH

OBSAH 3
ÚVOD 6
TRADIČNÍ AFFOGATO 7
   1. Klasické tradiční affogato 8
AFFOGATO VARIACE 10
   2. Čokoládové oříškové affogato 11
   3. Amaretto Affogato 13
   4. Tiramisu Affogato 15
   5. Affogato se slaným karamelem 17
   6. Citronový sorbet Affogato 19
   7. Pistáciové affogato 21
   8. Kokosové affogato 23
   9. Mandlové affogato 25
   10. Affogato z pomeranče a tmavé čokolády 27
   11. Nutella Affogato 29
   12. Mátový čokoládový čip Affogato 31
   13. Malinový Sorbetto Affogato 33
   14. Caramel Macchiato Affogato 35
   15. Lískooříškové Biscotti Affogato 37
   16. Čokoláda Affogato 39
   17. Affogato z lískových oříšků 41
   18. Karamelové Affogato 43
   19. Mátový čokoládový čip Affogato 45
   20. Affogato z vanilkového lusku 47
   21. Affogato al Caffè 49
   22. Irský krém Affogato 51
   23. Coconut Chocolate Affogato 53
   24. Affogato se slaným karamelem 55
   25. Cherry Affogato 57
   26. Orange Affogato 59
   27. Sušenky a smetana Affogato 61
   28. Matcha Affogato 63
   29. Arašídové máslo Affogato 65
   30. Malinové affogato 67
GOURMET AFFFOGATO VARIANTY 69
   31. Levandulový med Affogato 70

32. Balsamico Strawberry Affogato ... 73
33. Olivový olej a mořská sůl Affogato ... 76
34. Modrý sýr a fíkové Affogato ... 79
35. Rosemary Caramel Affogato ... 82
36. Šafrán Pistácie Affogato ... 85
37. Matcha White Chocolate Affogato ... 88
38. Černý sezam Affogato ... 91
39. Coconut Lemongrass Affogato ... 94
40. Kardamomová růže Affogato ... 97
41. Kardamom Affogato ... 100
42. Affogato posypané růžovou vodou ... 102
43. Šafrán Pistáciové Affogato ... 104
44. Fík Balsamico Affogato ... 106
45. Javorový ořech Affogato ... 108
46. Espresso Martini Affogato ... 110
47. Blackberry Sage Affogato ... 112
48. Coconut Lemongrass Affogato ... 114
49. Affogato z perníku ... 116
50. Earl Grey Tea Affogato ... 118
51. Cherry Amaretto Affogato ... 120
52. Affogato z pistáciové růže ... 122
53. Mocha Hazelnut Affogato ... 124
54. Caramel Macchiato Affogato ... 126
55. Skořicová roláda Affogato ... 128
56. Borůvkový tvarohový koláč Affogato ... 130
57. Cacao Nib Affogato ... 132

REGIONÁLNÍ VARIACE ... 134
58. Francouzská kavárna Affogato ... 135
59. Irské Affogato ... 137
60. Argentinské Gelato al Caffè Affogato ... 139
61. Mexické Affogato ... 141
62. Řecké Affogato ... 143
63. Turecké Affogato ... 145
64. Japonská Matcha Affogato ... 147
65. Brazilská cachaça Affogato ... 149
66. Španělské Espresso con Helado ... 151
67. Indická Masala Chai Affogato ... 153
68. Australan Tim Tam Affogato ... 155
69. Italská klasika Affogato ... 157

70. Italské Affogato al Caffè 159
71. Italské Affogato con Biscotti 161
72. Ital Fangelico Affogato 163
DEZERTY INSPIROVANÉ AFFOGATO 165
73. Affogato 'zmrzlina' 166
74. Nescafé Espresso affogato zmrzlina 168
75. Chai Bubble Tea Affogato 170
76. Affogato tvarohový koláč 172
77. Affogato Brownie Sundae 174
78. Affogato Panna Cotta 176
79. Affogato Tiramisu Parfait 178
80. Affogato Bread Pudding 180
81. Affogato zmrzlinové sendviče 182
82. Affogato Banana Split 184
83. Affogato Tarts 186
84. Affogato Chia pudink 188
85. Affogato Banánový chléb 190
86. Affogato rýžové koláčky 192
87. Affogato nanuky 194
88. Affogato Mug Cake 196
89. Affogato Čokoládová pěna 198
SVAČINKY INSPIROVANÉ AFFOGATO 200
90. Affogato Popcorn 201
91. Affogato Energy Bites 203
92. Affogato plněné datle 205
93. Affogato Trail Mix 207
94. Affogato Proteinové kuličky 209
95. Affogato Rice Krispie Treats 211
96. Affogato Jahody máčené v čokoládě 213
97. Affogato Lanýže 215
98. Affogato Biscotti 217
99. Affogato Cheesecake Bites 219
100. Čokoládová kůra Affogato 221
ZÁVĚR 223

ÚVOD

Vítejte ve světě Affogato, říši vynikajících lahůdek vytvořených speciálně pro milovníky kávy a gelato. V tomto okouzlujícím světě se do centra pozornosti dostává harmonické spojení bohatého, sametového gelata a povzbuzující esence čerstvě uvařené kávy. Affogato, italské slovo znamenající „utopený", dokonale vystihuje podstatu této božské směsi, kde je kopeček lahodného gelata ponořen do moře aromatického espressa.

Dopřát si affogato je zážitek, který překračuje hranice chuti, kombinuje kontrastní prvky horkého a studeného, hořkého a sladkého a vytváří symfonii chutí, které tančí na patře. Je to pochoutka, která vzrušuje všechny smysly, vyvolává pocit blaženosti a kulinářské extáze.

V tomto průzkumu světa Affogato se vydáme na cestu původem, variacemi a tajemstvími tohoto nádherného spojení. Od tradiční klasiky až po inovativní zvraty, odhalíme nekonečné možnosti a umělecké výrazy, které ožívají, když se káva potkává s gelato. Připravte se tedy na vzrušující dobrodružství, které ve vás vyvolá chuť na víc.

TRADIČNÍ AFFOGATO

1. Klasické tradiční affogato

SLOŽENÍ:
- 1 panák espressa
- 1 kopeček vanilkové zmrzliny

INSTRUKCE:
a) Uvařte panáka espressa a nalijte ho do malého šálku nebo sklenice.
b) Na espresso položte kopeček vanilkové zmrzliny.
c) Ihned podávejte a vychutnejte si, jak se zmrzlina rozpustí v espressu.

AFFOGATO VARIACE

2. Čokoládové lískooříškové affogato

SLOŽENÍ:
- 1 kopeček čokoládového gelata nebo zmrzliny
- 1 panák espressa
- 1 lžíce oříškové pomazánky.

INSTRUKCE:

a) Do servírovací sklenice vložte kopeček čokoládového gelata nebo zmrzliny.

b) Na gelato naneste lžičkou oříškovou pomazánku. Gelato zalijte panákem horkého espressa.

c) Jemně promíchejte, aby se chutě spojily.

d) Okamžitě podávejte a dopřejte si dekadentní kombinaci čokolády, lískových oříšků a espressa.

3. Amaretto Affogato

SLOŽENÍ:
- 1 odměrka mandlového nebo amaretto gelato
- 1 panák likéru amaretto
- 1 panák espressa

INSTRUKCE:

a) Do servírovací sklenice vložte kopeček mandlového nebo amaretto gelata.
b) Gelato zalijeme panákem likéru amaretto. Přidejte panáka horkého espressa.
c) Jemně promíchejte, aby se chutě propojily.
d) Okamžitě podávejte a vychutnejte si lahodnou kombinaci amaretta, mandlí a espressa.

4. Tiramisu Affogato

SLOŽENÍ:
- 1 odměrka mascarpone gelato
- 1 panák espressa
- 1 polévková lžíce kakaového prášku

INSTRUKCE:
a) Do servírovací sklenice vložte kopeček mascarpone gelato.
b) Gelato zalijte panákem horkého espressa.
c) Vrch posypeme kakaovým práškem.
d) Ihned podávejte a vychutnejte si připomínající chutě tiramisu v této variaci Affogato.

5. Affogato se slaným karamelem

SLOŽENÍ:
- 1 odměrka slaného karamelového gelata
- 1 panák espressa
- karamelová omáčka

INSTRUKCE:
a) Do servírovací sklenice vložte kopeček slaného karamelového gelata.
b) Gelato zalijte panákem horkého espressa.
c) Zalijeme karamelovou omáčkou.
d) Ihned podávejte a vychutnejte si kombinaci sladkých a slaných chutí.

6. Citronový sorbet Affogato

SLOŽENÍ:
- 1 odměrka citronového sorbetu
- 1 panák likéru limoncello
- 1 panák espressa
- citronová kůra (volitelně).

INSTRUKCE:
a) Do servírovací sklenice vložte odměrku citronového sorbetu.
b) Sorbet zalijte panákem likéru limoncello.
c) Přidejte panáka horkého espressa. V případě potřeby ozdobte citronovou kůrou.
d) Ihned podávejte a vychutnejte si osvěžující a pikantní chuť.

7. Pistáciové affogato

SLOŽENÍ:
- 1 odměrka pistáciového gelata
- 1 panák espressa
- drcené pistácie

INSTRUKCE:
a) Do servírovací sklenice vložte kopeček pistáciového gelata.
b) Gelato zalijte panákem horkého espressa.
c) Posypeme drcenými pistáciemi.

8. Kokosové affogato

SLOŽENÍ:
- 1 kopeček kokosového gelata nebo zmrzliny z kokosového mléka
- 1 panák espressa
- opečené kokosové vločky.

INSTRUKCE:
a) Do servírovací sklenice vložte kopeček kokosového gelata nebo zmrzliny z kokosového mléka.
b) Gelato zalijte panákem horkého espressa.
c) Posypeme opraženými kokosovými lupínky.

9. Mandlové affogato

SLOŽENÍ:
- 1 kopeček mandlového gelata nebo zmrzliny z mandlového mléka
- 1 panák likéru amaretto
- 1 panák espressa
- plátky mandlí

INSTRUKCE:
a) Do servírovací sklenice nebo misky vložte kopeček mandlového gelata nebo zmrzliny z mandlového mléka.
b) Gelato zalijeme panákem likéru amaretto.
c) Připravte si panák horkého espressa a zalijte jím gelato a likér.
d) Ozdobte posypem nakrájených mandlí.
e) Ihned podávejte a vychutnejte si nádhernou kombinaci chutí mandlí, amaretta a espressa.

10. Affogato z pomeranče a tmavé čokolády

SLOŽENÍ:
- 1 odměrka pomerančového gelata nebo sorbetu
- 1 panák espressa
- hobliny hořké čokolády nebo strouhaná hořká čokoláda

INSTRUKCE:
a) Do servírovací sklenice vložte kopeček pomerančového gelata nebo sorbetu.
b) Gelato zalijte panákem horkého espressa.
c) Posypeme hoblinkami hořké čokolády nebo nastrouhanou hořkou čokoládou.

11. Nutella Affogato

SLOŽENÍ:
- 1 kopeček oříškového gelata nebo zmrzliny
- 1 panák espressa
- 1 polévková lžíce Nutelly.

INSTRUKCE:
a) Do servírovací sklenice vložte kopeček oříškového gelata nebo zmrzliny.
b) Na gelato nalijte lžící Nutellu.
c) Gelato zalijte panákem horkého espressa.
d) Jemně promíchejte, aby se chutě spojily.

12. Mátový čokoládový čip Affogato

SLOŽENÍ:
- 1 kopeček mátového čokoládového gelata nebo zmrzliny
- 1 panák espressa
- čokoládový sirup
- lístky čerstvé máty (volitelné)

INSTRUKCE:
a) Do servírovací sklenice vložte kopeček mátového čokoládového gelata nebo zmrzliny.
b) Gelato zalijte panákem horkého espressa.
c) Pokapeme čokoládovým sirupem.
d) V případě potřeby ozdobte lístky čerstvé máty.

13. Malinový Sorbetto Affogato

SLOŽENÍ:
- 1 odměrka malinového sorbetta
- 1 panák malinového likéru (například Chambord)
- 1 panák espressa
- čerstvé bobule

INSTRUKCE:
a) Do servírovací sklenice dejte kopeček malinového sorbetta.
b) Sorbetto zalijte panákem malinového likéru.
c) Přidejte panáka horkého espressa.
d) Ozdobte čerstvým ovocem.

14. Karamelové macchiato Affogato

SLOŽENÍ:
- 1 kopeček karamelového gelata nebo zmrzliny
- 1 panák espressa
- karamelový sirup
- šlehačka.

INSTRUKCE:
a) Do servírovací sklenice vložte kopeček karamelového gelata nebo zmrzliny.
b) Gelato zalijte panákem horkého espressa.
c) Pokapeme karamelovým sirupem.
d) Navrch dáme šlehačku.

15. Oříškové Biscotti Affogato

SLOŽENÍ:
- 1 kopeček oříškového gelata nebo zmrzliny
- 1 panák espressa
- drcené lískooříškové biscotti.

INSTRUKCE:
a) Do servírovací sklenice vložte kopeček oříškového gelata nebo zmrzliny.
b) Gelato zalijte panákem horkého espressa.
c) Posypeme drcenými lískooříškovými biscotti.

16. Čokoláda Affogato

SLOŽENÍ:
1 panák espressa
1 kopeček čokoládové zmrzliny
Čokoládové hobliny nebo kakaový prášek (volitelně, na ozdobu)

INSTRUKCE:
Připravte si panáka espressa a nalijte ho do šálku nebo sklenice.
Do šálku přidejte kopeček čokoládové zmrzliny.
Případně ozdobte hoblinkami čokolády nebo kakaem.
Ihned podávejte a vychutnejte si kombinaci chutí čokolády a espressa.

17. Affogato z lískových oříšků

SLOŽENÍ:
1 panák espressa
1 kopeček oříškového gelata nebo zmrzliny
Drcené lískové ořechy (volitelné, na ozdobu)

INSTRUKCE:
Udělejte si panáka espressa a nalijte ho do servírovacího šálku.
Do šálku vložte kopeček oříškového gelata nebo zmrzliny.
Pokud chcete, posypte navrch drcenými lískovými oříšky pro větší křupavost a chuť.
Ihned podávejte a vychutnejte si lahodnou kombinaci lískových oříšků a espressa.

18. Karamelové Affogato

SLOŽENÍ:
1 panák espressa
1 kopeček karamelové zmrzliny
Karamelová omáčka (volitelně, na podlévání)

INSTRUKCE:
Uvařte panáka espressa a nalijte do šálku nebo sklenice.
Navrch espressa přidejte kopeček karamelové zmrzliny.
Pokud chcete, pokapejte zmrzlinu trochou karamelové omáčky.
Ihned podávejte a dopřejte si sladké a krémové karamelové affogato.

19. Mátový čokoládový čip Affogato

SLOŽENÍ:
1 panák espressa
1 kopeček mátové čokoládové zmrzliny
Hořké čokoládové hobliny (volitelně, na ozdobu)

INSTRUKCE:
Připravte si panáka espressa a nalijte ho do šálku nebo sklenice.
Do šálku přidejte kopeček mátové čokoládové zmrzliny.
V případě potřeby ozdobte hoblinami hořké čokolády.
Ihned podávejte a vychutnejte si osvěžující kombinaci máty a espressa.

20. Affogato z vanilkového lusku

SLOŽENÍ:
1 panák espressa
1 kopeček vanilkové zmrzliny
Semínka z vanilkového lusku (volitelně, na ozdobu)

INSTRUKCE:
Udělejte si panáka espressa a nalijte ho do servírovacího šálku.
Do šálku vložte kopeček vanilkové zmrzliny.
Je-li to žádoucí, posypte navrch semínky vanilkového lusku pro větší chuť a prezentaci.
Ihned podávejte a vychutnejte si klasické spojení vanilky a espressa.

21. Affogato al Caffè

SLOŽENÍ:
1 panák espressa
1 kopeček zmrzliny nebo zmrzliny s příchutí kávy

INSTRUKCE:
Uvařte panáka espressa a nalijte do šálku nebo sklenice.
Do šálku přidejte kopeček gelata nebo zmrzliny s příchutí kávy.
Ihned podávejte a vychutnejte si intenzivní kombinaci kávy.

22. Irský krém Affogato

SLOŽENÍ:
1 panák espressa
1 kopeček irské smetany nebo zmrzliny s příchutí Baileys
Šlehačka (volitelně, na polevu)
Čokoládový sirup (volitelně, na pokapání)

INSTRUKCE:
Připravte si panáka espressa a nalijte ho do šálku nebo sklenice.
Do šálku přidejte kopeček irské smetany nebo zmrzliny s příchutí Baileys.
Případně navrch dejte šlehačku a zmrzlinu pokapejte čokoládovým sirupem.
Ihned podávejte a dopřejte si bohaté a krémové irské krémové affogato.

23. Affogato s kokosovou čokoládou

SLOŽENÍ:
1 panák espressa
1 kopeček kokosové čokoládové zmrzliny
Opékané kokosové vločky (volitelně, na ozdobu)

INSTRUKCE:
Uvařte panáka espressa a nalijte do šálku nebo sklenice.
Navrch espressa přidejte kopeček kokosové čokoládové zmrzliny.
Pokud chcete, ozdobte opečenými kokosovými vločkami pro tropický nádech.
Ihned podávejte a vychutnejte si lahodnou směs kokosu a čokolády s espressem.

24. Affogato se slaným karamelem

SLOŽENÍ:
1 panák espressa
1 kopeček slané karamelové zmrzliny
Vločky mořské soli (volitelně, na ozdobu)

INSTRUKCE:
Připravte si panáka espressa a nalijte ho do šálku nebo sklenice.
Do šálku přidejte kopeček slané karamelové zmrzliny.
Případně můžete navrch posypat špetkou vloček mořské soli pro kontrast chutí.
Okamžitě podávejte a vychutnejte si dokonalou rovnováhu sladkého a slaného v této variaci affogato.

25. Cherry Affogato

SLOŽENÍ:
1 panák espressa
1 kopeček třešňového nebo černého lesa gelato nebo zmrzliny
Čerstvé třešně (volitelné, na ozdobu)

INSTRUKCE:
Udělejte si panáka espressa a nalijte ho do servírovacího šálku.
Do šálku vložte kopeček třešňového nebo černého lesa gelato nebo zmrzliny.
Pokud chcete, ozdobte čerstvými třešněmi pro ovocný nádech.
Ihned podávejte a vychutnejte si kombinaci třešní a espressa.

26. Oranžové Affogato

SLOŽENÍ:
1 panák espressa
1 odměrka pomerančového sorbetu nebo gelato
pomerančová kůra (volitelně, na ozdobu)

INSTRUKCE:
Uvařte panáka espressa a nalijte do šálku nebo sklenice.
Navrch espressa přidejte kopeček pomerančového sorbetu nebo gelata.
Pokud chcete, nasypte navrch trochu pomerančové kůry pro přidání citrusového aroma.
Ihned podávejte a vychutnejte si osvěžující affogato s pomerančem.

27. Sušenky a krém Affogato

SLOŽENÍ:
1 panák espressa
1 kopeček sušenek a smetanové zmrzliny
Drcené čokoládové sendvičové sušenky (volitelné, na ozdobu)

INSTRUKCE:
Připravte si panáka espressa a nalijte ho do šálku nebo sklenice.
Do šálku přidejte kopeček sušenek a smetanovou zmrzlinu.
Pokud chcete, ozdobte rozdrcenými čokoládovými sendvičovými sušenkami pro větší texturu.
Ihned podávejte a vychutnejte si klasickou kombinaci sušenek a smetany s espressem.

28. Matcha Affogato

SLOŽENÍ:
1 panák espressa
1 kopeček zmrzliny ze zeleného čaje matcha
Matcha prášek (volitelně, na ozdobu)

INSTRUKCE:
Udělejte si panáka espressa a nalijte ho do servírovacího šálku.
Do šálku vložte kopeček zmrzliny ze zeleného čaje matcha.
Pokud chcete, poprašte navrch trochu prášku matcha pro extra nával chuti.
Ihned podávejte a vychutnejte si jedinečnou kombinaci matcha a espressa.

29. Arašídové máslo Affogato

SLOŽENÍ:
1 panák espressa
1 kopeček arašídového másla nebo pohárové zmrzliny s arašídovým máslem
Drcené arašídy (volitelné, na ozdobu)

INSTRUKCE:
Uvařte panáka espressa a nalijte do šálku nebo sklenice.
Navrch espressa přidejte kopeček arašídového másla nebo zmrzlinu z arašídového másla.
Případně zmrzlinu posypte drcenými arašídy pro větší křupavost.
Ihned podávejte a vychutnejte si lahodnou kombinaci arašídového másla a espressa.

30. Malinové affogato

SLOŽENÍ:
1 panák espressa
1 odměrka malinového sorbetu nebo gelato
Čerstvé maliny (volitelně, na ozdobu)

INSTRUKCE:
Připravte si panáka espressa a nalijte ho do šálku nebo sklenice.
Do šálku přidejte kopeček malinového sorbetu nebo gelata.
Pokud chcete, dozdobte čerstvými malinami pro výbuch ovocné chuti.
Ihned podávejte a vychutnejte si zářivé malinové affogato.

GOURMET AFFFOGATO VARIANTY

31. Affogato s levandulovým medem

SLOŽENÍ:
LEVANDULOVÉ MEDOVÉ GELATO:
- 2 šálky plnotučného mléka
- 1 šálek husté smetany
- ½ šálku medu
- 2 lžíce sušených květů levandule
- 5 žloutků
- ¼ lžičky soli

AFFOGATO
- 1 odměrka levandulového medového gelata
- 1 panák (asi 1-2 unce) čerstvě uvařeného espressa
- Volitelně: čerstvé snítky levandule na ozdobu

INSTRUKCE:
LEVANDULOVÉ MEDOVÉ GELATO:
a) V hrnci smíchejte mléko, smetanu, med a sušené květy levandule. Hrnec postavte na střední teplotu a za občasného míchání zahřívejte směs, dokud se nezačne vařit. Nenechte to vařit.
b) Jakmile se vaří v páře, stáhněte rendlík z ohně a nechte levanduli louhovat do směsi asi 20 minut.
c) V samostatné misce prošlehejte žloutky a sůl, dokud se dobře nespojí.
d) Mléčnou směs s levandulí pomalu nalévejte do žloutků a za stálého šlehání vejce temperujte.
e) Nalijte směs zpět do hrnce a vařte na středním plameni za stálého míchání, dokud nezhoustne a nepokryje zadní část lžíce. To by mělo trvat asi 5-7 minut.
f) Odstraňte hrnec z ohně a propasírujte směs přes jemné síto, abyste odstranili květy levandule a všechny kousky vařených vajec. Pevné látky zlikvidujte.
g) Nechte směs vychladnout na pokojovou teplotu, poté přikryjte a dejte do lednice alespoň na 4 hodiny nebo přes noc, aby vychladla a rozvinula chuť.
h) Po vychladnutí nalijte směs do zmrzlinovače a šlehejte podle POKYNŮ výrobce: dokud gelato nedosáhne konzistence měkké pro podávání.
i) Gelato přendejte do nádoby s víkem a zmrazte alespoň na 4 hodiny nebo do ztuhnutí.

Affogato

j) Vložte kopeček levandulového medového gelata do servírovací sklenice nebo misky.
k) Uvařte panáka espressa pomocí přístroje na espresso nebo některou z alternativních metod vaření uvedených výše.
l) Horké espresso nalijte na kopeček levandulového medového gelata.
m) V případě potřeby ozdobte snítkou čerstvé levandule.
n) Lavender Honey Affogato podávejte okamžitě a vychutnejte si kombinaci krémového gelata s aromatickou chutí levandule a medu, umocněnou bohatostí espressa.

32. Balsamico jahodové affogato

SLOŽENÍ:
BALZAMICKÁ JAHODOVÁ GELATO:
- 2 šálky čerstvých jahod, oloupaných a nakrájených
- ½ šálku cukru
- 1 lžíce balzamikového octa
- 2 šálky plnotučného mléka
- 1 šálek husté smetany
- 5 žloutků
- ½ lžičky vanilkového extraktu
- Špetka soli

Affogato
- 1 odměrka balzamikového jahodového gelata
- 1 panák (asi 1-2 unce) čerstvě uvařeného espressa
- Volitelně: čerstvé jahody na ozdobu

INSTRUKCE:
BALZAMICKÁ JAHODOVÁ GELATO:

a) V misce smíchejte nakrájené jahody, cukr a balzamikový ocet. Směs necháme asi 15 minut uležet, aby jahody macerovaly a pustily šťávu.

b) Jahodovou směs přendejte do mixéru nebo kuchyňského robotu a rozmixujte do hladka. Dát stranou.

c) V hrnci zahřejte mléko a smetanu na středním plameni, dokud se nezačne vařit, za občasného míchání. Nenechte to vařit.

d) V samostatné misce šlehejte dohromady žloutky, vanilkový extrakt a sůl, dokud se dobře nespojí.

e) Směs teplého mléka a smetany pomalu nalijte do žloutků, za stálého šlehání, aby se vejce temperovala.

f) Vraťte směs do hrnce a vařte na středním plameni za stálého míchání, dokud nezhoustne a nepokryje zadní část lžíce. To by mělo trvat asi 5-7 minut.

g) Hrnec sundejte z ohně a směs přeceďte přes jemné síto, abyste odstranili zbytky vařených vajec.

h) Do pudinkové směsi vmíchejte jahodové pyré, dokud se dobře nespojí.

i) Nechte směs vychladnout na pokojovou teplotu, poté přikryjte a dejte do lednice alespoň na 4 hodiny nebo přes noc, aby vychladla a rozvinula chuť.

j) Po vychladnutí nalijte směs do zmrzlinovače a šlehejte podle POKYNŮ výrobce: dokud gelato nedosáhne konzistence měkké pro podávání.

k) Gelato přendejte do nádoby s víkem a zmrazte alespoň na 4 hodiny nebo do ztuhnutí.

Affogato

l) Do servírovací sklenice nebo misky vložte kopeček balzamikového jahodového gelata.
m) Uvařte panáka espressa pomocí přístroje na espresso nebo některou z alternativních metod vaření uvedených výše.
n) Horké espresso nalijte na kopeček balzamikového jahodového gelata.
o) V případě potřeby ozdobte čerstvými jahodami.
p) Balsamico Strawberry Affogato podávejte ihned a vychutnejte si kombinaci krémového gelata se sladkou a štiplavou chutí balzamikových jahod, doplněnou o bohatost espressa.

33. Affogato s olivovým olejem a mořskou solí

SLOŽENÍ:
GELATO Z OLIVOVÉHO OLEJE A MOŘSKÉ SOLI:
- 2 šálky plnotučného mléka
- 1 šálek husté smetany
- ¾ šálku krystalového cukru
- 4 velké žloutky
- ⅓ šálku extra panenského olivového oleje
- 1 lžička čistého vanilkového extraktu
- ½ lžičky mořské soli

AFFOGATO
- 1 odměrka olivového oleje a gelato s mořskou solí
- 1 panák (asi 1-2 unce) čerstvě uvařeného espressa
- Volitelně: kapka extra panenského olivového oleje a posypání mořskou solí na ozdobu

INSTRUKCE:
GELATO Z OLIVOVÉHO OLEJE A MOŘSKÉ SOLI:
a) V hrnci smíchejte mléko a smetanu. Zahřívejte na středním plameni, dokud se nezačne vařit, za občasného míchání. Nenechte to vařit.
b) V samostatné misce šlehejte cukr a žloutky, dokud se dobře nespojí.
c) Směs teplého mléka a smetany pomalu nalijte do žloutků, za stálého šlehání, aby se vejce temperovala.
d) Vraťte směs do hrnce a vařte na středním plameni za stálého míchání, dokud nezhoustne a nepokryje zadní část lžíce. To by mělo trvat asi 5-7 minut.
e) Odstraňte pánev z ohně a zašlehejte olivový olej, vanilkový extrakt a mořskou sůl, dokud se dobře nespojí.
f) Nechte směs vychladnout na pokojovou teplotu, poté přikryjte a dejte do lednice alespoň na 4 hodiny nebo přes noc, aby vychladla a rozvinula chuť.
g) Po vychladnutí nalijte směs do zmrzlinovače a šlehejte podle POKYNŮ výrobce: dokud gelato nedosáhne konzistence měkké pro podávání.
h) Gelato přendejte do nádoby s víkem a zmrazte alespoň na 4 hodiny nebo do ztuhnutí.

AFFOGATO
i) Do servírovací sklenice nebo misky dejte odměrku olivového oleje a gelato z mořské soli.

j) Uvařte panáka espressa pomocí přístroje na espresso nebo některou z alternativních metod vaření uvedených výše.
k) Horké espresso nalijte na kopeček olivového oleje a gelato z mořské soli.
l) Pokud chcete, pokapejte gelato trochou extra panenského olivového oleje a navrch posypte špetkou mořské soli pro extra nával chuti.
m) Affogato s olivovým olejem a mořskou solí ihned podávejte a vychutnejte si kombinaci krémového gelata s jedinečnými chutěmi olivového oleje a mořské soli, umocněnými bohatostí espressa.

34. Modrý sýr a fíkové Affogato

SLOŽENÍ:
MODRÝ SÝR A FÍKOVÉ GELATO:
- 2 šálky plnotučného mléka
- 1 šálek husté smetany
- ¾ šálku krystalového cukru
- 4 velké žloutky
- 4 unce modrého sýra, rozdrceného
- 1 šálek sušených fíků, jemně nasekaných
- 1 lžička vanilkového extraktu

AFFOGATO
- 1 odměrka modrého sýra a fíkové gelato
- 1 panák (asi 1-2 unce) čerstvě uvařeného espressa
- Volitelně: kapka medu na ozdobu

INSTRUKCE:
MODRÝ SÝR A FÍKOVÉ GELATO:
a) V hrnci smíchejte mléko a smetanu. Zahřívejte na středním plameni, dokud se nezačne vařit, za občasného míchání. Nenechte to vařit.
b) V samostatné misce šlehejte cukr a žloutky, dokud se dobře nespojí.
c) Směs teplého mléka a smetany pomalu nalijte do žloutků, za stálého šlehání, aby se vejce temperovala.
d) Vraťte směs do hrnce a vařte na středním plameni za stálého míchání, dokud nezhoustne a nepokryje zadní část lžíce. To by mělo trvat asi 5-7 minut.
e) Sundejte hrnec z ohně a vmíchejte rozdrobený modrý sýr, dokud se zcela nerozpustí a nezapracuje.
f) Vmíchejte nakrájené sušené fíky a vanilkový extrakt, dokud se dobře nespojí.
g) Nechte směs vychladnout na pokojovou teplotu, poté přikryjte a dejte do lednice alespoň na 4 hodiny nebo přes noc, aby vychladla a rozvinula chuť.
h) Po vychladnutí nalijte směs do zmrzlinovače a šlehejte podle POKYNŮ výrobce: dokud gelato nedosáhne konzistence měkké pro podávání.
i) Gelato přendejte do nádoby s víkem a zmrazte alespoň na 4 hodiny nebo do ztuhnutí.

AFFOGATO
j) Do servírovací sklenice nebo misky dejte kopeček modrého sýra a fíkové gelato.

k) Uvařte panáka espressa pomocí přístroje na espresso nebo některou z alternativních metod vaření uvedených výše.
l) Horké espresso přelijte na kopeček modrého sýra a fíkového gelata.
m) Volitelné: Navrch pokapejte trochou medu pro dotek sladkosti a ozdoby.
n) Okamžitě podávejte Blue Cheese a Fig Affogato a vychutnejte si jedinečnou kombinaci smetanového, pikantního gelata z modrého sýra se sladkými, ovocnými tóny fíků, umocněnými bohatostí espressa.

35. Rozmarýnový karamel Affogato

SLOŽENÍ:
ROZMARÝNOVÉ KARAMELOVÉ GELATO:
- 2 šálky plnotučného mléka
- 1 šálek husté smetany
- ¾ šálku krystalového cukru
- 4 velké žloutky
- 2 snítky čerstvého rozmarýnu
- 1 lžička vanilkového extraktu
- ½ šálku karamelové omáčky

AFFOGATO
- 1 odměrka rozmarýnového karamelového gelata
- 1 panák (asi 1-2 unce) čerstvě uvařeného espressa
- Volitelně: snítka čerstvého rozmarýnu na ozdobu

INSTRUKCE:
ROZMARÝNOVÉ KARAMELOVÉ GELATO:
a) V hrnci smíchejte mléko, smetanu a snítky čerstvého rozmarýnu. Zahřívejte na středním plameni, dokud se nezačne vařit, za občasného míchání. Nenechte to vařit.
b) V samostatné misce šlehejte cukr a žloutky, dokud se dobře nespojí.
c) Do žloutků pomalu přilévejte teplé mléko a rozmarýnovou směs, za stálého šlehání, aby se vejce temperovala.
d) Vraťte směs do hrnce a vařte na středním plameni za stálého míchání, dokud nezhoustne a nepokryje zadní část lžíce. To by mělo trvat asi 5-7 minut.
e) Hrnec sundejte z ohně a směs přecedte přes jemné síto, abyste odstranili snítky rozmarýnu.
f) Vmíchejte vanilkový extrakt a karamelovou omáčku, dokud se dobře nespojí.
g) Nechte směs vychladnout na pokojovou teplotu, poté přikryjte a dejte do lednice alespoň na 4 hodiny nebo přes noc, aby vychladla a rozvinula chuť.
h) Po vychladnutí nalijte směs do zmrzlinovače a šlehejte podle POKYNŮ výrobce: dokud gelato nedosáhne konzistence měkké pro podávání.
i) Gelato přendejte do nádoby s víkem a zmrazte alespoň na 4 hodiny nebo do ztuhnutí.

AFFOGATO

j) Do servírovací sklenice nebo misky vložte kopeček rozmarýnového karamelového gelata.
k) Uvařte panáka espressa pomocí přístroje na espresso nebo některou z alternativních metod vaření uvedených výše.
l) Horké espresso nalijte na kopeček rozmarýnového karamelového gelata.
m) Volitelné: Ozdobte snítkou čerstvého rozmarýnu pro dekorativní nádech.
n) Okamžitě podávejte Rosemary Caramel Affogato a vychutnejte si kombinaci krémového karamelového gelata naplněného aromatickou esencí rozmarýnu, dokonale doplněnou smělostí espressa.

36. Šafránové pistáciové affogato

SLOŽENÍ:
ŠAFRÁNOVÁ PISTÁCIOVÁ GELATO:
- 2 šálky plnotučného mléka
- 1 šálek husté smetany
- ¾ šálku krystalového cukru
- 4 velké žloutky
- ¼ lžičky šafránových nití
- 1 lžička vanilkového extraktu
- ½ šálku pistácií, vyloupaných a jemně nasekaných

AFFOGATO
- 1 odměrka šafránového pistáciového gelata
- 1 panák (asi 1-2 unce) čerstvě uvařeného espressa
- Volitelně: posypka drcených pistácií na ozdobu

INSTRUKCE:
ŠAFRÁNOVÁ PISTÁCIOVÁ GELATO:
a) V hrnci smíchejte mléko, smetanu a šafránové nitě. Zahřívejte na středním plameni, dokud se nezačne vařit, za občasného míchání. Nenechte to vařit.

b) V samostatné misce šlehejte cukr a žloutky, dokud se dobře nespojí.

c) Teplé mléko a šafránovou směs pomalu nalijte do žloutků, za stálého šlehání, aby se vejce temperovala.

d) Vraťte směs do hrnce a vařte na středním plameni za stálého míchání, dokud nezhoustne a nepokryje zadní část lžíce. To by mělo trvat asi 5-7 minut.

e) Hrnec sundejte z ohně a směs přeceďte přes jemné síto, abyste odstranili šafránová vlákna.

f) Vmíchejte vanilkový extrakt, dokud se dobře nezapracuje.

g) Nechte směs vychladnout na pokojovou teplotu, poté přikryjte a dejte do lednice alespoň na 4 hodiny nebo přes noc, aby vychladla a rozvinula chuť.

h) Po vychladnutí nalijte směs do zmrzlinovače a šlehejte podle POKYNŮ výrobce: dokud gelato nedosáhne konzistence měkké pro podávání.

i) Vmíchejte najemno nakrájené pistácie, aby byly rovnoměrně rozmístěny v gelatu.

j) Gelato přendejte do nádoby s víkem a zmrazte alespoň na 4 hodiny nebo do ztuhnutí.

AFFOGATO

k) Vložte kopeček šafránového pistáciového gelata do servírovací sklenice nebo misky.
l) Uvařte panáka espressa pomocí přístroje na espresso nebo některou z alternativních metod vaření uvedených výše.
m) Horké espresso nalijte na kopeček šafránového pistáciového gelata.
n) Volitelné: Navrch posypte drcenými pistáciemi na ozdobu.
o) Okamžitě podávejte Saffron Pistachio Affogato a vychutnejte si kombinaci jemné šafránové chuti, oříškovosti pistácií a bohatosti espressa.

37. Matcha White Chocolate Affogato

SLOŽENÍ:
MATCHA BÍLÁ ČOKOLÁDA GELATO:
- 2 šálky plnotučného mléka
- 1 šálek husté smetany
- ¾ šálku krystalového cukru
- 4 velké žloutky
- 3 lžíce prášku matcha
- 4 unce bílé čokolády, jemně nasekané
- 1 lžička vanilkového extraktu

AFFOGATO
- 1 odměrka matcha gelato z bílé čokolády
- 1 panák (asi 1-2 unce) čerstvě uvařeného espressa
- Volitelně: poprášek matcha prášku na ozdobu

INSTRUKCE:
MATCHA BÍLÁ ČOKOLÁDA GELATO:
a) V hrnci smíchejte mléko, smetanu a matcha prášek. Zahřívejte na středním plameni, dokud se nezačne vařit, za občasného míchání. Nenechte to vařit.
b) V samostatné misce šlehejte cukr a žloutky, dokud se dobře nespojí.
c) Do žloutků pomalu přilévejte teplé mléko a směs matcha, za stálého šlehání, aby se vejce temperovala.
d) Vraťte směs do hrnce a vařte na středním plameni za stálého míchání, dokud nezhoustne a nepokryje zadní část lžíce. To by mělo trvat asi 5-7 minut.
e) Sundejte hrnec z ohně a vmíchejte nasekanou bílou čokoládu, dokud se úplně nerozpustí a nezapracuje.
f) Vmíchejte vanilkový extrakt, dokud se dobře nespojí.
g) Nechte směs vychladnout na pokojovou teplotu, poté přikryjte a dejte do lednice alespoň na 4 hodiny nebo přes noc, aby vychladla a rozvinula chuť.
h) Po vychladnutí nalijte směs do zmrzlinovače a šlehejte podle POKYNŮ výrobce: dokud gelato nedosáhne konzistence měkké pro podávání.
i) Gelato přendejte do nádoby s víkem a zmrazte alespoň na 4 hodiny nebo do ztuhnutí.

AFFOGATO
j) Do servírovací sklenice nebo misky vložte kopeček matcha gelato z bílé čokolády.

k) Uvařte panáka espressa pomocí přístroje na espresso nebo některou z alternativních metod vaření uvedených výše.
l) Nalijte horké espresso na kopeček matcha gelato z bílé čokolády.
m) Volitelné: Vršek gelata posypte práškem matcha na ozdobu.
n) Matcha White Chocolate Affogato ihned podávejte a vychutnejte si kombinaci zemité, lehce nahořklé chuti matcha s krémovou sladkostí bílé čokolády, doplněnou o bohatost espressa.

38. Černý sezam Affogato

SLOŽENÍ:
ČERNÉ SEZAMOVÉ GELATO:
- 2 šálky plnotučného mléka
- 1 šálek husté smetany
- ¾ šálku krystalového cukru
- 4 velké žloutky
- ½ šálku černých sezamových semínek
- ½ lžičky vanilkového extraktu
- Špetka soli

AFFOGATO
- 1 odměrka černého sezamového gelata
- 1 panák (asi 1-2 unce) čerstvě uvařeného espressa
- Volitelně: černá sezamová semínka na ozdobu

INSTRUKCE:
ČERNÉ SEZAMOVÉ GELATO:
a) Na suché pánvi na středním ohni opékejte za občasného míchání černá sezamová semínka asi 2–3 minuty, dokud nebudou voňavá. Dávejte pozor, abyste je nespálili.

b) Opražená sezamová semínka přendejte do mixéru nebo kuchyňského robotu a rozdrťte je, dokud nevytvoří jemný prášek. Dát stranou.

c) V hrnci smíchejte mléko, smetanu a mletý černý sezam. Zahřívejte na středním plameni, dokud se nezačne vařit, za občasného míchání. Nenechte to vařit.

d) V samostatné misce šlehejte cukr a žloutky, dokud se dobře nespojí.

e) Směs teplého mléka a smetany pomalu nalijte do žloutků, za stálého šlehání, aby se vejce temperovala.

f) Vraťte směs do hrnce a vařte na středním plameni za stálého míchání, dokud nezhoustne a nepokryje zadní část lžíce. To by mělo trvat asi 5-7 minut.

g) Odstraňte hrnec z ohně a propasírujte směs přes jemné síto, abyste odstranili zbytky vařených vajec a zbytky sezamu.

h) Vmíchejte vanilkový extrakt a špetku soli, dokud se dobře nezapracuje.

i) Nechte směs vychladnout na pokojovou teplotu, poté přikryjte a dejte do lednice alespoň na 4 hodiny nebo přes noc, aby vychladla a rozvinula chuť.

j) Po vychladnutí nalijte směs do zmrzlinovače a šlehejte podle POKYNŮ výrobce: dokud gelato nedosáhne konzistence měkké pro podávání.

k) Gelato přendejte do nádoby s víkem a zmrazte alespoň na 4 hodiny nebo do ztuhnutí.

AFFOGATO

l) Vložte kopeček černého sezamového gelata do servírovací sklenice nebo misky.

m) Uvařte panáka espressa pomocí přístroje na espresso nebo některou z alternativních metod vaření uvedených výše.

n) Nalijte horké espresso na kopeček černého sezamového gelata.

o) Pokud chcete, posypte navrch pár černými sezamovými semínky na ozdobu.

p) Okamžitě podávejte Black Sesame Affogato a vychutnejte si kombinaci ořechových, toastových chutí černého sezamu s bohatostí espressa.

39. Affogato z kokosové citronové trávy

SLOŽENÍ:
GELATO Z KOKOSOVÉ CITRONOVÉ TRÁVY:
- 2 hrnky kokosového mléka
- 1 šálek plnotučného mléka
- 1 šálek husté smetany
- ¾ šálku krystalového cukru
- 4 velké žloutky
- 2 stonky citronové trávy, nasekané a nasekané
- 1 lžička vanilkového extraktu
- Volitelně: strouhaný kokos na ozdobu

AFFOGATO
- 1 odměrka kokosového gelato z citronové trávy
- 1 panák (asi 1-2 unce) čerstvě uvařeného espressa
- Volitelně: strouhaný kokos na ozdobu

INSTRUKCE:
GELATO Z KOKOSOVÉ CITRONOVÉ TRÁVY:
a) V hrnci smíchejte kokosové mléko, plnotučné mléko, hustou smetanu a citronovou trávu. Zahřívejte na středním plameni, dokud se nezačne vařit, za občasného míchání. Nenechte to vařit.
b) V samostatné misce šlehejte cukr a žloutky, dokud se dobře nespojí.
c) Směs teplého mléka a smetany pomalu nalijte do žloutků, za stálého šlehání, aby se vejce temperovala.
d) Vraťte směs do hrnce a vařte na středním plameni za stálého míchání, dokud nezhoustne a nepokryje zadní část lžíce. To by mělo trvat asi 5-7 minut.
e) Hrnec sundejte z ohně a směs přeceďte přes jemné síto, abyste odstranili kousky citronové trávy.
f) Vmíchejte vanilkový extrakt, dokud se dobře nezapracuje.
g) Nechte směs vychladnout na pokojovou teplotu, poté přikryjte a dejte do lednice alespoň na 4 hodiny nebo přes noc, aby vychladla a rozvinula chuť.
h) Po vychladnutí nalijte směs do zmrzlinovače a šlehejte podle výrobce **INSTRUKCE:**dokud gelato nedosáhne měkké konzistence.
i) Gelato přendejte do nádoby s víkem a zmrazte alespoň na 4 hodiny nebo do ztuhnutí.

AFFOGATO

j) Do servírovací sklenice nebo misky vložte kopeček kokosového gelata z citronové trávy.
k) Uvařte panáka espressa pomocí přístroje na espresso nebo některou z alternativních metod vaření uvedených výše.
l) Nalijte horké espresso na kopeček kokosového gelato z citronové trávy.
m) Podle chuti ozdobte strouhaným kokosem.
n) Okamžitě podávejte Coconut Lemongrass Affogato a vychutnejte si kombinaci krémového gelata s tropickou chutí kokosu a jemnými citrusovými tóny citronové trávy, umocněnými bohatostí espressa.

40. Kardamomová růže Affogato

SLOŽENÍ:
GELATA Z KARDAMOMOVÉ RŮŽE:
- 2 šálky plnotučného mléka
- 1 šálek husté smetany
- ¾ šálku krystalového cukru
- 4 velké žloutky
- 1 lžička mletého kardamomu
- 1 lžička růžové vody
- ¼ lžičky vanilkového extraktu
- Volitelně: několik kapek růžového potravinářského barviva (pro zářivou růžovou barvu)

AFFOGATO
- 1 odměrka kardamomové růžové gelato
- 1 panák (asi 1-2 unce) čerstvě uvařeného espressa
- Volitelně: jedlé okvětní lístky růží nebo drcené pistácie na ozdobu

INSTRUKCE:
GELATA Z KARDAMOMOVÉ RŮŽE:
a) V hrnci smíchejte mléko a smetanu. Zahřívejte na středním plameni, dokud se nezačne vařit, za občasného míchání. Nenechte to vařit.
b) V samostatné misce šlehejte cukr a žloutky, dokud se dobře nespojí.
c) Směs teplého mléka a smetany pomalu nalijte do žloutků, za stálého šlehání, aby se vejce temperovala.
d) Vraťte směs do hrnce a vařte na středním plameni za stálého míchání, dokud nezhoustne a nepokryje zadní část lžíce. To by mělo trvat asi 5-7 minut.
e) Odstraňte hrnec z ohně a vmíchejte mletý kardamom, růžovou vodu, vanilkový extrakt a růžové potravinářské barvivo (pokud používáte). Dobře promíchejte, aby se spojily chutě a dosáhly požadované barvy.
f) Nechte směs vychladnout na pokojovou teplotu, poté přikryjte a dejte do lednice alespoň na 4 hodiny nebo přes noc, aby vychladla a rozvinula chuť.
g) Po vychladnutí nalijte směs do zmrzlinovače a šlehejte podle POKYNŮ výrobce: dokud gelato nedosáhne konzistence měkké pro podávání.
h) Gelato přendejte do nádoby s víkem a zmrazte alespoň na 4 hodiny nebo do ztuhnutí.

AFFOGATO

i) Do servírovací sklenice nebo misky vložte kopeček kardamomového růžového gelata.
j) Uvařte panáka espressa pomocí přístroje na espresso nebo některou z alternativních metod vaření uvedených výše.
k) Nalijte horké espresso na kopeček gelato z růže kardamomu.
l) V případě potřeby ozdobte jedlými plátky růží nebo drcenými pistáciemi.
m) Ihned podávejte Cardamom Rose Affogato a vychutnejte si kombinaci krémového gelata s aromatickou chutí kardamomu a růže, umocněnou bohatostí espressa.

41. Kardamom Affogato

SLOŽENÍ:
1 panák espressa
1 kopeček zmrzliny s kardamomem
Drcené pistácie (volitelné, na ozdobu)

INSTRUKCE:
Uvařte panáka espressa a nalijte do šálku nebo sklenice.
Navrch espressa přidejte kopeček zmrzliny s kardamomem.
Pokud chcete, ozdobte drcenými pistáciemi pro větší texturu a chuť.
Ihned podávejte a vychutnejte si exotickou směs kardamomu a espressa.

42. Affogato posypané růžovou vodou

SLOŽENÍ:
1 panák espressa
1 kopeček zmrzliny s růžovou vodou
Sušené okvětní lístky růží (volitelně, na ozdobu)
Barevné posypky (volitelné)

INSTRUKCE:
Udělejte si panáka espressa a nalijte ho do servírovacího šálku.
Do šálku vložte kopeček růžové zmrzliny.
Je-li to žádoucí, navrch posypte posypem a sušenými okvětními lístky růží pro krásnou prezentaci.
Ihned podávejte a vychutnejte si jemné květinové tóny růžové vody v kombinaci s espressem.

43. Šafránové pistáciové affogato

SLOŽENÍ:
1 panák espressa
1 kopeček šafránové zmrzliny
Nakrájené pistácie (volitelné, na ozdobu)

INSTRUKCE:
Připravte si panáka espressa a nalijte ho do šálku nebo sklenice.
Navrch espressa přidejte kopeček zmrzliny naplněné šafránem.
Pokud chcete, ozdobte nakrájenými pistáciemi pro větší křupavost a chuť.
Ihned podávejte a vychutnejte si luxusní kombinaci šafránu a espressa.

44. Fík Balsamico Affogato

SLOŽENÍ:
1 panák espressa
1 kopeček fíkového balzamikového gelata nebo zmrzliny
Fíkové plátky (volitelné, na ozdobu)

INSTRUKCE:
Uvařte panáka espressa a nalijte do šálku nebo sklenice.
Do šálku přidejte kopeček fíkového balzamikového gelata nebo zmrzliny.
Případně ozdobte plátky čerstvých fíků pro sofistikovaný dotek.
Ihned podávejte a vychutnejte si jedinečnou směs fíků a balsamica s espressem.

45. Affogato z javorového ořechu

SLOŽENÍ:
1 panák espressa
1 kopeček zmrzliny z javorových ořechů
Nasekané vlašské ořechy (volitelné, na ozdobu)

INSTRUKCE:
Udělejte si panáka espressa a nalijte ho do servírovacího šálku.
Do šálku vložte kopeček zmrzliny z javorových ořechů.
Pokud chcete, posypte navrch nasekané vlašské ořechy pro větší křupavost a chuť.
Ihned podávejte a vychutnejte si uklidňující kombinaci javoru a vlašského ořechu s espressem.

46. Espresso Martini Affogato

SLOŽENÍ:
1 panák espressa
1 odměrka kávového likéru nebo zmrzliny s příchutí espresso martini
Kávová zrna (volitelně, na ozdobu)

INSTRUKCE:
Připravte si panáka espressa a nalijte ho do šálku nebo sklenice.
Přidejte do šálku kopeček kávového likéru nebo zmrzliny s příchutí espresso martini.
V případě potřeby ozdobte několika kávovými zrnky pro extra kofeinový efekt.
Okamžitě podávejte a dopřejte si dekadentní kombinaci chutí espressa a espressa martini.

47. Blackberry Sage Affogato

SLOŽENÍ:
1 panák espressa
1 kopeček ostružinového šalvějového gelata nebo zmrzliny
Čerstvé ostružiny (volitelně, na ozdobu)

INSTRUKCE:
Uvařte panáka espressa a nalijte do šálku nebo sklenice.
Navrch espressa přidejte kopeček ostružinového šalvějového gelata nebo zmrzliny.
Pokud chcete, ozdobte čerstvými ostružinami pro výbuch ovocné chuti.
Ihned podávejte a vychutnejte si jedinečnou kombinaci ostružin a šalvěje s espressem.

48. Affogato z kokosové citronové trávy

SLOŽENÍ:
1 panák espressa
1 kopeček kokosového gelata z citronové trávy nebo zmrzliny
Opékané kokosové vločky (volitelně, na ozdobu)

INSTRUKCE:
Připravte si panáka espressa a nalijte ho do šálku nebo sklenice.
Do šálku přidejte kopeček kokosového gelata z citronové trávy nebo zmrzliny.
Volitelně ozdobte opečenými kokosovými vločkami pro větší texturu a tropickou chuť.
Ihned podávejte a vychutnejte si osvěžující kombinaci kokosu a citronové trávy s espressem.

49. Affogato z perníku

SLOŽENÍ:
1 panák espressa
1 kopeček zmrzliny s příchutí perníku
Drobky z perníkových sušenek (volitelně, na ozdobu)

INSTRUKCE:
Udělejte si panáka espressa a nalijte ho do servírovacího šálku.
Do šálku vložte kopeček zmrzliny s příchutí perníku.
Pokud chcete, posypte navrch drobky z perníkových sušenek pro přidání koření a textury.
Ihned podávejte a vychutnejte si sváteční kombinaci perníku a espressa.

50. Čaj Earl Grey Affogato

SLOŽENÍ:
1 panák espressa
1 kopeček zmrzliny s čajem Earl Grey
Bergamotová kůra (volitelně, na ozdobu)

INSTRUKCE:
Uvařte panáka espressa a nalijte do šálku nebo sklenice.
Přidejte do šálku kopeček zmrzliny naplněné čajem Earl Grey.
Je-li to žádoucí, ozdobte posypem bergamotové kůry pro voňavý nádech.
Ihned podávejte a vychutnejte si aromatickou směs čaje Earl Grey a espressa.

51. Cherry Amaretto Affogato

SLOŽENÍ:
1 panák espressa
1 kopeček cherry amaretto gelato nebo zmrzliny
Amaretto likér (volitelně, na podlévání)

INSTRUKCE:
Připravte si panáka espressa a nalijte ho do šálku nebo sklenice.
Navrch espressa přidejte kopeček cherry amaretto gelato nebo zmrzliny.
Případně zmrzlinu pokapejte trochou likéru amaretto pro extra chuť.
Podávejte ihned a dopřejte si bohatou kombinaci třešní, amaretta a espressa.

52. Affogato z pistáciové růže

SLOŽENÍ:
1 panák espressa
1 kopeček pistáciové růžové gelato nebo zmrzliny
Pistáciové drobky (volitelně, na ozdobu)

INSTRUKCE:
Uvařte panáka espressa a nalijte do šálku nebo sklenice.
Navrch espressa přidejte kopeček pistáciové růžové gelato nebo zmrzliny.
Pokud chcete, ozdobte pistáciovou strouhankou pro větší texturu a ořechovou chuť.
Ihned podávejte a vychutnejte si vynikající kombinaci pistácií a růže s espressem.

53. Mocha Hazelnut Affogato

SLOŽENÍ:
1 panák espressa
1 kopeček moka oříškového gelata nebo zmrzliny
Drcené lískové ořechy (volitelné, na ozdobu)

INSTRUKCE:
Udělejte si panáka espressa a nalijte ho do servírovacího šálku.
Do šálku vložte kopeček moka oříškového gelata nebo zmrzliny.
Pokud chcete, posypte navrch drcenými lískovými oříšky pro větší křupavost a chuť.
Okamžitě podávejte a vychutnejte si lahodnou kombinaci moka, lískových oříšků a espressa.

54. Karamelové macchiato Affogato

SLOŽENÍ:
1 panák espressa
1 kopeček zmrzliny s karamelovou příchutí macchiato
Karamelová omáčka (volitelně, na podlévání)

INSTRUKCE:
Připravte si panáka espressa a nalijte ho do šálku nebo sklenice.
Do šálku přidejte kopeček zmrzliny s karamelovou příchutí macchiato.
Případně zmrzlinu pokapejte karamelovou omáčkou pro další vrstvu sladkosti.
Ihned podávejte a vychutnejte si bohatou chuť karamelu a espressa v této variaci affogato.

55. Skořicový rolák Affogato

SLOŽENÍ:
1 panák espressa
1 kopeček zmrzliny s příchutí skořice
skořicový cukr (volitelně, na ozdobu)

INSTRUKCE:
Uvařte panáka espressa a nalijte do šálku nebo sklenice.
Navrch espressa přidejte kopeček zmrzliny s příchutí skořice.
Pokud chcete, posypte navrch skořicovým cukrem pro lahodnou skořici.
Okamžitě podávejte a vychutnejte si uklidňující chutě skořicové rolády a espressa.

56. Borůvkový tvarohový koláč Affogato

SLOŽENÍ:
1 panák espressa
1 kopeček borůvkového tvarohového gelata nebo zmrzliny
Čerstvé borůvky (volitelně, na ozdobu)

INSTRUKCE:
Udělejte si panáka espressa a nalijte ho do servírovacího šálku. Do šálku vložte kopeček borůvkového tvarohového gelata nebo zmrzliny. Pokud chcete, ozdobte čerstvými borůvkami pro výbuch ovocné chuti. Ihned podávejte a vychutnejte si požitkářskou kombinaci borůvkového tvarohového koláče a espressa.

57. Cacao Nib Affogato

SLOŽENÍ:
- Kakaové hroty
- Horké espresso nebo silná vařená káva
- Vanilkové gelato nebo zmrzlina

INSTRUKCE:
a) Začněte tím, že do servírovací sklenice nebo šálku vložíte kopeček vanilkového gelata nebo zmrzliny.
b) Gelato posypte velkým množstvím kakaových zrn. Kakaová zrna dodávají lahodnou křupavost a nádech čokoládové chuti.
c) Uvařte si horké espresso nebo si uvařte silný šálek kávy pomocí preferované metody.
d) Opatrně nalijte horké espresso nebo kávu na kousky gelata a kakaa. Horká tekutina gelato mírně rozpustí a vytvoří krémový a dekadentní dezert.
e) Nechte affogato několik sekund, aby se usadilo a nechte chutě prolnout.
f) Cacao Nib Affogato ihned podávejte a vychutnejte si ho, dokud je gelato ještě krémové a káva horká.

REGIONÁLNÍ VARIACE

58. Francouzská kavárna Affogato

SLOŽENÍ:
- 1 kopeček francouzské vanilkové zmrzliny
- 1 panák (asi 1-2 unce) čerstvě uvařené silné kávy
- 1 polévková lžíce Grand Marnier (pomerančového likéru)
- Volitelně: šlehačka a nastrouhaná hořká čokoláda na ozdobu

INSTRUKCE:
a) Do servírovací sklenice nebo misky vložte kopeček francouzské vanilkové zmrzliny. Ujistěte se, že je zmrzlina dobře vychlazená.

b) Uvařte panáka silné kávy pomocí stroje na espresso nebo některou z alternativních metod vaření uvedených výše. Ujistěte se, že káva je horká a čerstvě uvařená.

c) Nalijte horkou kávu na kopeček zmrzliny, nechte ji rozpustit a smíchat se zmrzlinou.

d) Přidejte lžíci Grand Marnier do affogata. Pomerančový likér dodává dezertu nádech citrusové sladkosti a nádech sofistikovanosti.

e) Je-li to žádoucí, posypte affogato kopečkem šlehačky a posypte strouhanou hořkou čokoládou pro extra požitkářský dotek.

f) Francouzské Café Affogato podávejte ihned, nechte zmrzlinu mírně rozpustit a spojit se s kávou a Grand Marnier.

59. Irské Affogato

SLOŽENÍ:
- 1 kopeček irského krémového gelata nebo zmrzliny
- 1 panák irské whisky
- 1 panák espressa
- šlehačka (volitelně).

INSTRUKCE:
a) Do servírovací sklenice vložte kopeček irského krémového gelata nebo zmrzliny.
b) Gelato zalijeme panákem irské whisky.
c) Přidejte panáka horkého espressa.
d) Navrch dejte šlehačku, je-li to žádoucí.
e) Okamžitě podávejte a vychutnejte si irský twist na klasickém Affogato.

60. Argentinské Gelato al Caffè Affogato

SLOŽENÍ:
- 2 panáky espressa
- 2 kopečky dulce de leche gelato (nebo karamelové gelato)
- Šlehačka
- Strouhaná čokoláda nebo kakaový prášek na ozdobu

INSTRUKCE:
a) Připravte dvě dávky espressa pomocí kávovaru na espresso nebo varného espresso kávovaru.
b) Umístěte dvě odměrky dulce de leche gelato (nebo karamelové gelato) do servírovací misky nebo sklenice.
c) Nalijte horké espresso na gelato.
d) Navrch dejte vydatné množství šlehačky.
e) Ozdobte strouhanou čokoládou nebo posypte kakaem.
f) Okamžitě podávejte a vychutnejte si lahodnou kombinaci bohatých karamelových chutí, krémového gelata a silného espressa.

61. Mexické Affogato

SLOŽENÍ:
- 1 kopeček mexické čokoládové gelato nebo zmrzliny
- 1 panák tequily
- 1 panák espressa
- mletá skořice

INSTRUKCE:

a) Do servírovací sklenice vložte kopeček mexického čokoládového gelata nebo zmrzliny.
b) Gelato zalijte panákem tequily.
c) Přidejte panáka horkého espressa.
d) Posypte skořicovým práškem.
e) Ihned podávejte a vychutnejte si chutě mexické čokolády s trochou tequily.

62. Řecké Affogato

SLOŽENÍ:
- 1 odměrka gelato z řeckého jogurtu nebo mraženého jogurtu
- 1 panák ouzo (likér s příchutí anýzu)
- 1 panák espressa
- Miláček

INSTRUKCE:
a) Do servírovací sklenice vložte kopeček gelato z řeckého jogurtu nebo mraženého jogurtu.
b) Gelato zalijte panákem ouzo.
c) Přidejte panáka horkého espressa.
d) Pokapejte medem.
e) Ihned podávejte a vychutnejte si řecky inspirovanou kombinaci jogurtu, anýzu a espressa.

63. Turecké Affogato

SLOŽENÍ:
- 1 kopeček tureckého kávového gelato nebo zmrzliny
- 1 panák turecké kávy
- kardamomový prášek
- nasekané pistácie

INSTRUKCE:

a) Do servírovací sklenice vložte kopeček tureckého kávového gelata nebo zmrzliny.
b) Gelato zalijeme panákem turecké kávy.
c) Posypte kardamomovým práškem.
d) Ozdobte nasekanými pistáciemi.
e) Ihned podávejte a vychutnejte si bohaté chutě turecké kávy.

64. Japonská Matcha Affogato

SLOŽENÍ:
- 1 odměrka gelato ze zeleného čaje matcha nebo zmrzliny
- 1 panák zeleného čaje matcha
- slazená pasta z červených fazolí (anko)
- matcha prášek (volitelně)

INSTRUKCE:
a) Do servírovací sklenice vložte kopeček zmrzliny nebo zmrzliny ze zeleného čaje matcha.
b) Gelato zalijte panákem zeleného čaje matcha.
c) Přidejte kopeček slazené pasty z červených fazolí.
d) Podle potřeby posypte matcha práškem.
e) Ihned podávejte a vychutnejte si japonskou fúzi chutí matcha a červených fazolí.

65. Brazilská cachaça Affogato

SLOŽENÍ:
- 1 kopeček dulce de leche gelato nebo zmrzliny
- 1 panák cachaça (brazilský rum)
- 1 panák espressa
- čokoládové hobliny

INSTRUKCE:
a) Do servírovací sklenice vložte kopeček dulce de leche gelato nebo zmrzliny.
b) Gelato zalijte panákem cachaça.
c) Přidejte panáka horkého espressa.
d) Posypeme hoblinkami čokolády.
e) Okamžitě podávejte a dopřejte si sladké a opojné chutě Brazílie.

66. Španělské espresso con Helado

SLOŽENÍ:
- 1 kopeček vanilkové zmrzliny nebo zmrzliny s příchutí španělské horchaty
- 1 panák (asi 1-2 unce) čerstvě uvařeného espressa
- Volitelně: posypat mletou skořicí nebo kapkou čokoládového sirupu na ozdobu

INSTRUKCE:
a) Do servírovací sklenice nebo misky vložte kopeček vanilkové zmrzliny nebo zmrzliny s příchutí španělské horchaty. Ujistěte se, že je zmrzlina dobře vychlazená.

b) Uvařte panáka espressa pomocí přístroje na espresso nebo některou z alternativních metod vaření uvedených výše. Ujistěte se, že espresso je horké a čerstvě uvařené.

c) Nalijte horké espresso na kopeček zmrzliny, nechte jej rozpustit a smíchat se zmrzlinou.

d) Pokud chcete, posypte espresso con helado špetkou mleté skořice pro hřejivou a aromatickou chuť. Případně dezert pokapejte trochou čokoládového sirupu pro větší sladkost.

e) Espresso con Helado ihned podávejte, nechte zmrzlinu mírně rozpustit a smíchejte s bohatým espressem.

67. Indické Masala Chai Affogato

SLOŽENÍ:
- 1 kopeček masala chai gelato nebo zmrzliny
- 1 panák čaje chai
- drcená semínka kardamomu
- drcené pistácie

INSTRUKCE:
a) Do servírovací sklenice vložte kopeček masala chai gelato nebo zmrzliny.
b) Gelato zalijte panákem čaje chai.
c) Posypeme drcenými semínky kardamomu.
d) Ozdobte drcenými pistáciemi.
e) Ihned podávejte a vychutnejte si teplé a aromatické chutě indického masala chai.

68. Australan Tim Tam Affogato

SLOŽENÍ:
- 1 kopeček čokoládového gelata nebo zmrzliny
- 1 panák espressa
- 1 polévková lžíce amaruly
- rozdrcené sušenky Tim Tam

INSTRUKCE:

a) Do servírovací sklenice vložte kopeček čokoládového gelata nebo zmrzliny.
b) Gelato zalijte panákem horkého espressa.
c) K affogatu přidejte lžíci amaruly.
d) Posypeme rozdrcenými sušenkami Tim Tam.
e) Ihned podávejte a vychutnejte si lahodnou kombinaci čokolády, kávy a sušenek.

69. Italská klasika Affogato

SLOŽENÍ:
- 1 odměrka vanilkové zmrzliny
- 1 panák espressa
- Kapka čokoládové omáčky, volitelné

INSTRUKCE:
a) Do sklenice dejte kopeček vanilkové zmrzliny a 1 panáka espressa.
b) Sloužit!

70. Italské Affogato al Caffè

SLOŽENÍ:
- 1 kopeček vanilkového gelata nebo zmrzliny
- 1 panák (asi 1-2 unce) čerstvě uvařeného espressa
- 1 polévková lžíce likéru amaretto
- Volitelně: kakaový prášek nebo čokoládové hobliny na ozdobu

INSTRUKCE:

a) Do servírovací sklenice nebo misky vložte kopeček vanilkového gelata nebo zmrzliny. Ujistěte se, že je gelato dobře vychlazené.

b) Uvařte panáka espressa pomocí přístroje na espresso nebo některou z alternativních metod vaření uvedených výše. Ujistěte se, že espresso je horké a čerstvě uvařené.

c) Nalijte horké espresso na kopeček gelata, nechte ho rozpustit a smíchat s gelato.

d) K affogatu přidejte lžíci likéru amaretto. Amaretto dodává lahodnou mandlovou chuť, která doplňuje kávu a gelato.

e) Je-li to žádoucí, ozdobte affogato posypem kakaového prášku nebo čokoládových hoblin pro větší vizuální přitažlivost a chuť.

f) Affogato al caffè ihned podávejte a vychutnejte si ho, zatímco se gelato rozpouští a mísí s espressem a amarettem, čímž vzniká delikátní kombinace chutí.

71. Italské Affogato con Biscotti

SLOŽENÍ:
- 1 kopeček vanilkového gelata nebo zmrzliny
- 1 panák (asi 1-2 unce) čerstvě uvařeného espressa
- 2-3 biscotti (tradiční italské mandlové sušenky)

INSTRUKCE:

a) Do servírovací sklenice nebo misky vložte kopeček vanilkového gelata nebo zmrzliny. Ujistěte se, že je gelato dobře vychlazené.

b) Uvařte panáka espressa pomocí přístroje na espresso nebo některou z alternativních metod vaření uvedených výše. Ujistěte se, že espresso je horké a čerstvě uvařené.

c) Nalijte horké espresso na kopeček gelata, nechte ho rozpustit a smíchat s gelato.

d) Afogato podávejte s 2-3 piškoty na boku. Křupavá textura biscotti poskytuje nádherný kontrast ke smetanovému affogatu.

e) Vychutnejte si affogato ponořením biscotti do směsi espressa a gelato a vychutnejte si kombinaci chutí a textur.

72. Ital Fangelico Affogato

SLOŽENÍ:
- 2 kopečky vanilkové zmrzliny vysoké kvality
- 1 panák espressa
- 1 lžíce Frangelico
- hořká čokoláda na strouhání navrch

INSTRUKCE:

a) Uvařte espresso (jedno na osobu). Naberte 1-2 kopečky vanilkové zmrzliny do široké sklenice nebo misky a zalijte panákem espressa.

b) Zmrzlinu zalijte 1 lžící ořechového likéru nocino nebo vámi zvoleného likéru a nastrouhejte na troše hořké čokolády.

DEZERTY INSPIROVANÉ AFFOGATO

73. Affogato "zmrzlina"

SLOŽENÍ:

- 500 ml ProZero „smetany" ke šlehání, chlazené
- 100 g moučkového cukru
- 1 panák espressa

INSTRUKCE:

a) Šlehejte do šlehání „smetany" asi 2–3 minuty, dokud nezhoustne, nebude světlá a vzdušná. Přidejte moučkový cukr a dobře promíchejte.
b) Směs nalijte do vhodné nádoby a dejte do mrazáku asi na hodinu, nebo dokud nevychladne a na okrajích se nezačnou tvořit krystalky ledu.
c) Vyjměte z mrazáku.
d) Pomocí vidličky nebo drátěného šlehače rychle rozšlehejte „zmrzlinu", aby se rozbily ledové krystalky.
e) Vložte „zmrzlinu" zpět do mrazáku, aby ztuhla alespoň na 3 hodiny. Vezměte kopeček „zmrzliny" a doplňte ji espressem.

74. Nescafé Espresso affogato zmrzlina

VYRÁBÍ: 1 PORCE

SLOŽENÍ:
- 1 shot espresso se zlatými granulemi Nescafé
- 2 kopečky gelato vanilkové zmrzliny nebo karamelového křupnutí
- ½ šálku vody
- 1 lžíce přírodního medu na pokapání jako ozdoba

INSTRUKCE:
a) Nejprve si uvařením kávy připravte panáka espressa, poté vezměte servírovací sklenici nebo šálek a přidejte 2 velké kopečky zmrzliny, navrch pokapejte medem a vedle toho dejte panák espressa.

b) A ihned podávejte naše lahodná italská káva affogato se zmrzlinou je připravena k dochucení.

75. Čaj Bubble Tea Affogato

SLOŽENÍ:
- ¼ šálku černé boba (tapiokové perly)
- ¼ šálku koncentrátu chai latte
- ¼ šálku neslazeného mandlového mléka nebo běžného mléka
- 2 malé kopečky tahitského vanilkového gelata nebo francouzské vanilkové zmrzliny
- 1 piruetová sušenka, nakrájená na polovinu (volitelné)

INSTRUKCE:
a) Boba uvařte podle návodu na obalu.
b) V malé pánvi smíchejte koncentrát chai latte a mléko. Přiveďte k varu a stáhněte z ohně.
c) Naberte dva kopečky gelata nebo zmrzliny do šálku nebo misky a navrch dejte boba. Nalijte chai latte navrch a podávejte s piruetou. Užijte si to okamžitě.

76. Affogato tvarohový koláč

SLOŽENÍ:
- 1 předem připravený tvarohový koláč
- 2 kopečky vanilkového gelata
- 2 panáky espressa

INSTRUKCE:
a) Cheesecake nakrájejte na jednotlivé porce.
b) Na každý plátek položte kopeček vanilkového gelata.
c) Gelato a cheesecake zalijte panákem espressa.
d) Ihned podávejte a vychutnejte si kombinaci krémového tvarohového koláče, gelata a espressa.

77. Affogato Brownie Sundae

SLOŽENÍ:

- Teplé brownies
- 1 kopeček kávového gelata nebo zmrzliny
- Horká fondánová omáčka
- Šlehačka

INSTRUKCE:

a) Dejte teplé brownie do servírovací misky.
b) Navrch přidejte kopeček kávového gelata nebo zmrzliny.
c) Zalijte horkou omáčkou z fudge.
d) Ozdobte šlehačkou.
e) Ihned podávejte a vychutnejte si dekadentní kombinaci čokolády, kávy a smetanového gelata.

78. Affogato Panna Cotta

SLOŽENÍ:
- 1 šálek husté smetany
- 1 šálek plnotučného mléka
- ½ šálku cukru
- 1 vanilkový lusk, podélně rozpůlený
- 1 lžička želatiny v prášku
- 2 lžíce studené vody
- 2 panáky espressa
- Čokoládové hobliny na ozdobu

INSTRUKCE:
a) V hrnci smíchejte smetanu, mléko a cukr.
b) Vyškrábejte semínka z vanilkového lusku a přidejte je do hrnce spolu s vanilkovým luskem.
c) Směs zahřívejte na středním plameni, dokud se nerozvaří. Odstraňte z ohně a nechte 10 minut louhovat.
d) V malé misce nasypte želatinový prášek do studené vody a nechte 5 minut odležet, aby vykvetl.
e) Vyjměte lusk z vanilkového lusku ze smetanové směsi a znovu jej zahřejte, dokud nebude horký, ale ne vroucí.
f) Do horké smetanové směsi přidejte rozkvetlou želatinu a míchejte, dokud se úplně nerozpustí.
g) Směs nalijte do jednotlivých servírovacích sklenic nebo ramekin a dejte do lednice alespoň na 4 hodiny nebo do ztuhnutí.
h) Těsně před podáváním zalijte každou panna cottu panákem espressa a ozdobte hoblinkami čokolády.
i) Podávejte vychlazené a vychutnejte si hedvábnou texturu a kávu prosycenou chutí panna cotty.

79. Affogato Tiramisu Parfait

SLOŽENÍ:
- 1 šálek silné uvařené kávy
- 2 lžíce cukru
- 2 lžíce kávového likéru (např. Kahlua)
- 1 balení ladyfingerů
- 1 hrnek sýra mascarpone
- ¼ šálku moučkového cukru
- 1 lžička vanilkového extraktu
- 1 hrnek šlehačky
- Kakaový prášek na posypání

INSTRUKCE:
a) V mělké misce smíchejte uvařenou kávu, cukr a kávový likér.
b) Ponořte každou berušku do kávové směsi a navrstvěte je do servírovacích sklenic nebo dezertních misek.
c) V samostatné misce ušlehejte sýr mascarpone, moučkový cukr a vanilkový extrakt do hladka.
d) Lžící naneste vrstvu mascarpone na berušky.
e) Vrstvy namočených berušek a směsi mascarpone opakujte, dokud nedosáhnete horní části servírovacích sklenic.
f) Dokončete na vrchu kopečkem šlehačky.
g) Dezerty popráším kakaem.
h) Ihned podávejte nebo dejte na pár hodin do lednice, aby se chutě spojily.
i) Těsně před podáváním zalijte každé parfait panákem espressa.
j) Vychutnejte si vrstvy berušky nasáklé kávou, krémové mascarpone a bohatou chuť espressa v tomto nádherném dezertu inspirovaném tiramisu.

80. Affogato chlebový pudink

SLOŽENÍ:
- 4 šálky starých kostek chleba (jako je brioška nebo challah)
- 2 šálky plnotučného mléka
- ½ šálku husté smetany
- ½ šálku krystalového cukru
- 4 velká vejce
- 1 lžička vanilkového extraktu
- Špetka soli
- 2 panáky espressa
- Šlehačka k podávání

INSTRUKCE:
a) Předehřejte troubu na 350 °F (175 °C) a zapékací mísu vymažte tukem.
b) Ve velké míse smíchejte mléko, smetanu, cukr, vejce, vanilkový extrakt a sůl. Šlehejte, dokud se dobře nespojí.
c) Přidejte kostky chleba do mísy a jemně míchejte, dokud nejsou rovnoměrně pokryty směsí mléka. Necháme 10 minut odležet, aby chléb nasál tekutinu.
d) Směs přendáme do vymazané zapékací mísy a rovnoměrně rozprostřeme.
e) Pečte 40–45 minut, nebo dokud chlebový nákyp nezezlátne a neztuhne.
f) Vyjměte z trouby a nechte několik minut vychladnout.
g) Těsně před podáváním zalijte každou porci chlebového pudinku panákem espressa.
h) Navrch dejte kopeček šlehačky.
i) Podávejte teplé a vychutnejte si uklidňující kombinaci chlebového pudinku a espressa.

81. Affogato zmrzlinové sendviče

SLOŽENÍ:

- 12 čokoládových sušenek
- 6 kopečků vaší oblíbené příchutě gelato nebo zmrzliny
- 2 panáky espressa
- Sypání, drcené ořechy a strouhaný kokos

INSTRUKCE:

a) Vezměte 6 sušenek a na plochou stranu každé sušenky položte kopeček gelata nebo zmrzliny.
b) Položte zbývajících 6 sušenek a vytvořte sendviče.
c) Zmrzlinové sendviče dejte na 10-15 minut do mrazáku, aby ztuhly.
d) Těsně před podáváním zalijte každý sendvič panákem espressa.
e) Okraje sendviče zabalte do posypů, kokosu a drcených ořechů, pokud chcete.
f) Okamžitě podávejte a vychutnejte si nádhernou kombinaci krémové zmrzliny, espressa a sušenek.

82. Affogato Banana Split

SLOŽENÍ:
- 1 zralý banán, podélně rozpůlený
- 2 kopečky vanilkového gelata nebo zmrzliny
- 2 panáky espressa
- Čokoládová omáčka
- Šlehačka
- Maraschino třešně
- Sypání

INSTRUKCE:
a) Umístěte nakrájený banán do servírovací misky nebo lodi.
b) Na banán přidejte dvě kopečky vanilkového gelata nebo zmrzliny.
c) Gelato a banán zalijte panákem espressa.
d) Zalijeme čokoládovou polevou.
e) Navrch dejte šlehačku, posypání a pár maraschino třešní.
f) Okamžitě podávejte a vychutnejte si tuto hravou variantu klasické banánové porce.

83. Affogato koláče

SLOŽENÍ:
- 1 plát předpečeného listového těsta, rozmraženého
- ½ šálku sýra mascarpone
- 2 lžíce moučkového cukru
- 1 lžička vanilkového extraktu
- 2 panáky espressa
- Nastrouhaná hořká čokoláda na ozdobu

INSTRUKCE:
a) Předehřejte troubu na 400 °F (200 °C) a vyložte plech pečicím papírem.
b) Listové těsto nakrájejte na malé čtverečky nebo kolečka a dejte je na připravený plech.
c) Listové těsto upečeme podle NÁVODU na obalu: dozlatova a nafouknutého.
d) V míse ušlehejte sýr mascarpone, moučkový cukr a vanilkový extrakt do hladké a krémové hmoty.
e) Jakmile koláče z listového těsta vychladnou, potřete na každý koláč kopečkem směsi mascarpone.
f) Těsně před podáváním zalijte každý dort panákem espressa.
g) Ozdobte strouhanou hořkou čokoládou.
h) Ihned podávejte a vychutnejte si jemnou kombinaci listového těsta, krémového mascarpone a espressa.

84. Affogato Chia pudink

SLOŽENÍ:
2 lžíce chia semínek
1/2 šálku mléka (mléčného nebo rostlinného)
1 panák espressa, vychlazený
1 lžička medu nebo sladidla dle výběru (volitelné)

INSTRUKCE:
V misce smíchejte chia semínka, mléko, espresso a med (pokud používáte).
Dobře promíchejte, aby se chia semínka spojila a zajistila rovnoměrné rozložení.
Mísu zakryjte a dejte do lednice alespoň na 2 hodiny nebo přes noc, aby chia semínka absorbovala tekutinu a zhoustla do konzistence podobné pudinku.
Podávejte vychlazené a vychutnejte si tento chia pudink inspirovaný affogatem jako zdravou a uspokojující svačinku.

85. Affogato Banánový chléb

SLOŽENÍ:
1 1/2 šálku univerzální mouky
1 lžička prášku do pečiva
1/2 lžičky jedlé sody
1/4 lžičky soli
1/2 šálku krystalového cukru
1/4 šálku nesoleného másla, rozpuštěného
2 zralé banány, rozmačkané
1/4 šálku mléka (mléčného nebo rostlinného)
1 lžička vanilkového extraktu
1 panák espressa, vychlazený

INSTRUKCE:
Předehřejte troubu na 350 °F (175 °C) a vymažte formu na bochník.
Ve velké míse smíchejte mouku, prášek do pečiva, jedlou sodu a sůl.
V jiné misce smíchejte cukr a rozpuštěné máslo, dokud se dobře nespojí.
Do směsi cukru a másla přidejte rozmačkané banány, mléko, vanilkový extrakt a vychlazené espresso.
Postupně přidávejte suché ingredience k mokrým a míchejte, dokud se nespojí.
Těsto nalijeme do vymazané ošatky.
Pečte asi 50–60 minut, nebo dokud párátko zapíchnuté do středu nevyjde čisté.
Nechte banánový chléb vychladnout, než ho nakrájíte a vychutnáte si tuto svačinu inspirovanou affogato.

86. Affogato rýžové koláčky

SLOŽENÍ:
Rýžové koláčky
Oříškové máslo (jako je mandlové nebo arašídové máslo)
Vanilková zmrzlina
Espresso nebo kávový sirup

INSTRUKCE:
Na rýžový koláč potřete vrstvu ořechového másla.
Na ořechové máslo položte malý kopeček vanilkové zmrzliny.
Zalijte malým množstvím espressa nebo kávového sirupu.
Vychutnejte si rýžový koláč inspirovaný affogato jako lehkou a křupavou svačinku.

87. Affogato nanuky

SLOŽENÍ:
1 šálek uvařené kávy, vychlazený
1 šálek mléka (mléčného nebo rostlinného)
1 polévková lžíce medu nebo sladidla dle výběru
1 lžička vanilkového extraktu (volitelně)

INSTRUKCE:
V mixéru smíchejte vychladlou uvařenou kávu, mléko, med a vanilkový extrakt.
Míchejte, dokud se dobře nepromíchá.
Směs nalijte do formiček na nanuky.
Tyčinky nanuků vložte do formiček a zmrazte alespoň na 4 hodiny nebo do ztuhnutí.
Po zmrznutí vyjměte nanuky z forem a vychutnejte si tyto mražené dobroty inspirované affogato.

88. Affogato hrnkový dort

SLOŽENÍ:
4 polévkové lžíce univerzální mouky
2 lžíce krupicového cukru
1/2 lžičky prášku do pečiva
Špetka soli
3 lžíce mléka (mléčného nebo rostlinného)
1 panák espressa, vychlazený
1 polévková lžíce rostlinného oleje

INSTRUKCE:
V hrnku vhodném do mikrovlnné trouby smíchejte mouku, cukr, prášek do pečiva a sůl.
Do hrnku přidejte mléko, vychlazené espresso a rostlinný olej.
Míchejte, dokud není těsto hladké a dobře spojené.
Hrníček zahřívejte v mikrovlnné troubě na vysokou teplotu po dobu asi 1 minuty a 30 sekund, nebo dokud koláč nevykyne a neztuhne uprostřed.
Než si vychutnáte tuto rychlou a snadnou svačinu inspirovanou affogato, nechte dort trochu vychladnout.

89. Čokoládová pěna Affogato

SLOŽENÍ:
4 unce hořké čokolády, nasekané
1 šálek husté smetany
1 panák espressa, vychlazený
Šlehačka a čokoládové hobliny (na polevu)

INSTRUKCE:
Hořkou čokoládu rozpustíme v žáruvzdorné misce nad vroucí vodou a mícháme do hladka.
Odstraňte z ohně a nechte mírně vychladnout.
V samostatné misce ušlehejte hustou smetanu, dokud se nevytvoří měkké vrcholy.
Vychladlou rozpuštěnou čokoládu a espresso vmíchejte do šlehačky, dokud se dobře nespojí.
Směs nalijte do jednotlivých servírovacích sklenic nebo misek.
Navrch dejte šlehačku a čokoládové hobliny.
Před podáváním této lahodné čokoládové pěny inspirované affogatem nechte alespoň 2 hodiny v lednici.

SVAČINKY INSPIROVANÉ AFFOGATO

90. Affogato Popcorn

SLOŽENÍ:
4 šálky popcornu
4 unce hořké čokolády, rozpuštěné
1 polévková lžíce instantního kávového prášku nebo prášku na espresso

INSTRUKCE:
Vložte popcorn do velké mísy.
Popcorn pokapejte rozpuštěnou hořkou čokoládou.
Na popcorn posypte práškovou instantní kávu nebo espresso.
Jemně vmíchejte popcorn, aby se rovnoměrně obalil čokoládou a kávou.
Nechte čokoládu ztuhnout, než si vychutnáte tuto popcornovou svačinu inspirovanou affogato.

91. Affogato Energy Bites

SLOŽENÍ:
1 šálek datlí bez pecek
1 šálek mandlí
2 lžíce kakaového prášku
1 polévková lžíce instantního kávového prášku nebo prášku na espresso
1 polévková lžíce medu nebo javorového sirupu (volitelně)
Strouhaný kokos nebo kakaový prášek (na válení)

INSTRUKCE:
Vložte datle, mandle, kakaový prášek, instantní kávu a med (pokud používáte) do kuchyňského robotu.
Zpracovávejte, dokud se směs nespojí a nevytvoří lepivé těsto.
Ze směsi vytvarujte malé kuličky o velikosti sousta.
Energetická sousta obalte ve strouhaném kokosu nebo kakau na obalení.
Před podáváním nechte asi 30 minut vychladit v lednici.

92. Affogato plněné datle

SLOŽENÍ:
Datle Medjool, vypeckované
Vanilková zmrzlina
Espresso nebo kávový sirup

INSTRUKCE:
Datle Medjool podélně rozkrojte a odstraňte pecky.
Každé datum naplňte malým kopečkem vanilkové zmrzliny.
Zalijte espressem nebo kávovým sirupem.
Vychutnejte si sladké a krémové plněné datle inspirované affogatem.

93. Affogato Trail Mix

SLOŽENÍ:
1 šálek pražených mandlí
1/2 šálku sušených třešní nebo brusinek
1/2 šálku kousků nebo lupínků hořké čokolády
1/4 šálku kávových zrn

INSTRUKCE:
V misce smíchejte pražené mandle, sušené třešně nebo brusinky, kousky nebo lupínky hořké čokolády a kávová zrna.
Upravte množství podle svých preferencí.
Zabalte trailovou směs do malých jednotlivých porcí pro pohodlnou svačinu inspirovanou affogato na cestách.

94. Affogato proteinové kuličky

SLOŽENÍ:
1 šálek rolovaných ovesných vloček
1/2 šálku mandlového másla nebo jakéhokoli ořechového másla dle výběru
1/4 šálku medu nebo javorového sirupu
2 lžíce kakaového prášku
1 polévková lžíce instantního kávového prášku nebo prášku na espresso
1/4 šálku hořké čokolády
Strouhaný kokos nebo drcené ořechy (na válení)

INSTRUKCE:
V misce smíchejte ovesné vločky, mandlové máslo, med nebo javorový sirup, kakaový prášek, instantní kávu a kousky hořké čokolády, dokud se dobře nespojí.
Ze směsi vytvarujte malé kuličky o velikosti sousta.
Proteinové kuličky obalte ve strouhaném kokosu nebo drcených oříšcích na obalení.
Před podáváním nechte asi 30 minut vychladit v lednici.

95. Affogato Rice Krispie pamlsky

SLOŽENÍ:
3 lžíce nesoleného másla
4 šálky mini marshmallows
6 šálků rýžových obilovin
2 polévkové lžíce instantní kávy v prášku nebo prášku na espresso

INSTRUKCE:
Ve velkém hrnci na mírném ohni rozpustíme máslo.
Přidejte mini marshmallows do hrnce a míchejte, dokud se nerozpustí a nebudou hladké.
Vmíchejte instantní kávový prášek nebo espresso, dokud se dobře nespojí.
Odstraňte hrnec z ohně a přidejte rýžové cereálie.
Míchejte, dokud se cereálie rovnoměrně nepokryjí směsí marshmallow.
Směs natlačíme do vymazané zapékací misky a necháme vychladnout.
Nakrájejte na čtverečky a vychutnejte si tyto pochoutky z rýže Krispie inspirované affogato jako lahodnou svačinu.

96. Affogato Jahody máčené v čokoládě

SLOŽENÍ:
Čerstvé jahody
Hořká čokoláda, rozpuštěná
Instantní kávový prášek nebo espresso prášek (pro posypání)

INSTRUKCE:
Čerstvé jahody ponořte do rozpuštěné hořké čokolády a nechte odkapat veškerý přebytek.
Jahody namočené v čokoládě položte na tác nebo talíř vyložený pergamenem.
Nasypte na jahody malé množství instantní kávy nebo prášku na espresso.
Nechte čokoládu ztuhnout v lednici, než si vychutnáte tyto jahody v čokoládě inspirované affogatem.

97. Affogato Lanýže

SLOŽENÍ:
8 uncí hořké čokolády, nasekané
1/2 šálku husté smetany
1 panák espressa, vychlazený
Kakaový prášek nebo drcené ořechy (na válení)

INSTRUKCE:
Do žáruvzdorné mísy dejte nasekanou hořkou čokoládu.
V hrnci zahřejte hustou smetanu, dokud se nezačne vařit.
Horkou smetanu zalijeme nasekanou čokoládou a necháme minutu odležet.
Míchejte, dokud se čokoláda úplně nerozpustí a směs nebude hladká.
Míchejte vychladlé espresso, dokud se dobře nespojí.
Mísu zakryjte a chlaďte, dokud není směs dostatečně pevná, aby se dala zvládnout, asi 2 hodiny.
Vychlazenou směs udělejte na malé kuličky a obalte je v kakau nebo drcených oříšcích.
Nechte lanýže dalších 30 minut vychladit v lednici, než si vychutnáte tyto pochoutky inspirované affogato.

98. Affogato Biscotti

SLOŽENÍ:
2 hrnky univerzální mouky
1 lžička prášku do pečiva
1/2 lžičky soli
1/2 šálku nesoleného másla, změkčeného
3/4 šálku krystalového cukru
2 velká vejce
1 polévková lžíce vanilkového extraktu
1 panák espressa, vychlazený
1/2 šálku nasekaných ořechů (jako jsou mandle nebo lískové ořechy)

INSTRUKCE:
Předehřejte troubu na 350 °F (175 °C) a vyložte plech pečicím papírem.
V míse smícháme mouku, prášek do pečiva a sůl.
V samostatné misce ušlehejte změklé máslo a cukr, dokud nebudou světlé a nadýchané.
Jedno po druhém zašlehejte vejce, poté vanilkový extrakt a vychlazené espresso.
Postupně přidávejte moučnou směs do máslové směsi a míchejte, dokud se nespojí.
Vmícháme nasekané ořechy.
Z těsta vytvarujte špalek a položte ho na připravený plech.
Pečte asi 25–30 minut, nebo dokud nebudou zlatohnědé a pevné na dotek.
Vyjměte z trouby a nechte několik minut vychladnout.
Poleno nakrájejte na kousky ve tvaru piškotů a položte je na plech.
Pečte dalších 10–15 minut, nebo dokud nebudou křupavé a lehce opečené.
Nechte biscotti úplně vychladnout, než si vychutnáte tuto křupavou pochoutku inspirovanou affogato.

99. Affogato Cheesecake Bites

SLOŽENÍ:
1 1/2 šálku strouhanky z grahamového sušenky
1/4 šálku rozpuštěného másla
8 uncí smetanového sýra, změkčeného
1/4 šálku moučkového cukru
1 panák espressa, vychlazený
Šlehačka a čokoládové hobliny (na polevu)

INSTRUKCE:
V misce smíchejte drobky z grahamového sušenky a rozpuštěné máslo, dokud směs nebude připomínat mokrý písek.
Drobenkovou směs vtlačíme na dno vyložené čtvercové zapékací misky.
V samostatné misce ušlehejte změklý smetanový sýr, moučkový cukr a vychlazené espresso, dokud nebude hladké a krémové.
Směs smetanového sýra rovnoměrně rozetřeme na kůrku grahamového sušenky.
Dejte do lednice alespoň na 2 hodiny nebo do ztuhnutí.
Nakrájejte na čtverečky velikosti sousta a každý čtvereček posypte kopečkem šlehačky a čokoládovými hoblinkami.
Podávejte vychlazené a vychutnejte si tyto kousky tvarohového koláče inspirované affogato.

100. Čokoládová kůra Affogato

SLOŽENÍ:
8 uncí hořké čokolády, rozpuštěné
1 panák espressa, vychlazený
Drcená zrna espressa nebo kávová zrna
Mořská sůl (volitelně)
Pistácie (volitelné)

INSTRUKCE:
Plech vyložte pečícím papírem.
Rozpuštěnou hořkou čokoládu nalijeme na připravený plech a rovnoměrně rozetřeme.
Čokoládu pokapejte vychladlým espressem.
Navrch nasypte drcené espresso nebo kávová zrna.
Podle potřeby přidejte špetku mořské soli a pistácií.
Nechte v chladu, dokud čokoláda neztuhne, poté nalámejte na kousky.

ZÁVĚR

Když se loučíme se světem Affogato, doufáme, že tato cesta podnítila vaši vášeň pro vynikající požitky Affogato. Od jeho skromného původu v Itálii až po jeho moderní interpretace po celém světě jsme byli svědky evoluce a kreativity, které utvářely tuto nebeskou pochoutku. Snoubení bohatého, hladkého gelata a robustní esence kávy se ukázalo jako shoda v gastronomickém nebi.

Ať už dáváte přednost jednoduchosti klasického affogata nebo dobrodružným chutím speciální kreace, AFFOGATO SVĚTOVÁ nabídl pohled do říše, kde se káva a gelato prolínají a vytvářejí nevšední zážitky. Je to svět, kde se posouvají hranice chuti a kde vás jediná lžička přenese do říše čistého požitku.

Takže až budete příště toužit po okamžiku čisté blaženosti, nechte AFFOGATO SVĚTOVÁ vést vaše smysly a probudit vaše chuťové buňky. Ponořte se do kouzla této delikátní kombinace a vychutnejte si symfonii chutí, která se rozvíjí s každou lžící. Přijměte umění a inovace, které leží v říši affogato, a objevte neomezené možnosti, které na vás čekají. Vítejte ve světě Affogato, kde se milovníci kávy a gelato spojují v oslavě čirého potěšení.

www.ingramcontent.com/pod-product-compliance
Lightning Source LLC
Chambersburg PA
CBHW050021130526
44590CB00042B/1203